AF329618

STIL

VSANCE

Et forme de procedder du Bailliage
de Touraine, & Siege Presidial
de Tours.

A TOVRS

Par CEZAR RICHARD, Imprimeur & Marchand
Libraire demeurant en la ruë de la Sellerie, vis avis
de la ruë Trauersaine, à l'Imprimerie Royalle.

STIL, VSANCE ET FORME DE PROCEDER
du Bailliage de Touraine, & Siege Presidial de Tours,

SVR ce qui a esté remonstré par le Procureur du Roy à ce Siége, qu'il a esté recongneu en diuerses rencontres, que par la longueur du temps qui s'est écoulé depuis les Ordonnances renduë en cette Chambre, sur l'obseruance & vsage de la pratique, la diuersité & trouble des affaires. Il semble que l'ancien vsage n'est pas obserué; d'ou il arriue souuent des incidens & contestations entre les Procureurs tres prejudiciables à la facilité des expeditions & iugemens des procez, qui en sont par ce moyen retardez. A quoy il est necessaire de pouruoir.

La matiere mise en deliberation : A esté arresté & conclud, que les Ordonnances renduë en cette Chambre, les dixneuf d'Avril 1595. quinze Iuillet 1617. huict de May 1627. & trente Mars 1640. seront executée. Et faisant droit sur les conclusions dudit Procureur du Roy, disons que les articles qui ont esté nouuellement

A 2

dreſſez ſur le fait de ladite forme de procedder, ſeront auſſi executez, & à cette fin, ſeront tous leſdits arti-cles publiez à l'Audiance de ce Siége.

SVIVENT LES ARTICLES FAITS ET arreſtez en la Chambre du Conſeil du Siege Preſidial de Tours, leſdits iours dix-neuf d'Auril 1595. quinze Iuillet 1617. huiĉt May 1627. trente Mars 1640. vingt-deux Iuin 1644. Et enſuite ſont les articles arreſtez en la meſme Chambre, le vingt-trois d'Aouſt 1662.

Du Chayer de 1595.

PREMIEREMENT, que toutes demandes, Commiſſions, Reqüeſtes & libelles qui ſeront dreſſées par leſdits Procureurs, ſeront ſignées de ceux qui les preſenteront, ou eſdites de-mandes & libelles ſera cotté le nom du Procureur du-dit demandeur.

II

Que les termes des deſfaux & forcluſions, qui pour l'injure des troubles auoyent eſté prolongez de huitai-ne ou quinzaine, ſeront remis & reduitz au meſme eſtat quelles eſtoyent auparauant ladite prolongation, de trois iours en trois iours, pour les habitans de cette ville faux bourgs & banlieuë, & pour tous autres de huitaine en huitaine, ſauf à prolonger leſdits delaiz, les Procureurs ouyz ſi beſoin eſt, & ſi l'vne des parties ou le Procureur pour elle le requiert, & qu'il ſoit ordonné que faire ce doiue.

III

Que dorefnauant les prefentations des caufes ne feront faites à iours de Dimanches ou Feftes, encores que les affignations y fuffent données & efcheuës : ains feront remifes au lendemain de la fefte.

IV

Que les défaux ne pourront eftre deliurez fur les prefentations que le cinquiéme iour d'apres ladite prefentation, à compter du iour qu'elle aura efté faite, iceluy compris, & à ce qu'il n'y aduienne aucune furprife , celuy qui prefentera ou cotera fa caufe le premier foit , le demandeur, ou défendeur, par apres le Greffier ne pourra regiftrer la prefentation du fecond en autre endroit de fon papier, ains cottera le nom du Procureur fur la prefentation du premier prefenté, & le iour que le fecond fe prefentera.

V

Qu'il ne fera donné aucuns défaux , forclufions , ny jugemens fur iceux aux entrées des Audiances quand il y aura Procureur pour lefdites parties, que au prealable le Procureur du défaillant ou forclos ne foit audiancé , & fait rapport de l'abfcence.

VI

Et affin que l'expedition des caufes ne foit retardée foubz ombre de quelques petites dificultez ou formalitez qui furuiendront entre les Procureurs pour les preparatoires defdites caufes, fera tenu le Procureur qui en fera requis comparoir dauant vn tiers pour prendre

A 3

reiglement par l'aduis dudit tiers sur lesdites dificultez ou formalitez , lequel reiglement sera suiui sur peine contre le refusant de quinze sols d'amende si ledit reiglement est iugé raisonnable à l'Audiance, & iusques à ce qu'il ait esté ordonné, ne pourra l'vn desdits Procureurs proceder par deffaut ou forclusion contre l'autre sur mesme peine.

VII

Ne sera baillé aucune assignation en premier instance és maisons des Iuges, ne en la Chambre du Conseil , sinon és causes priuilegiées de curatelle , de prouision ou police ou de chose qui meritast prompte expedition ou en execution de jugement & sentences, auquel cas d'execution de sentence, l'assignation pourra estre baillée en la maison des Commissaires.

VIII

Et d'autant que l'Audiance des causes ordinaires se trouue de present grandement chargée & importunée de placetz qui ne peuuent estre expediez qu'auec vn long-temps. A esté ordonné que outre les Audiances ordinaires & accoustumées du matin se tiendra aux apresdinées, (forts durant les assises,) l'Audiance deux fois la semaine , les Mardy & Vendredy depuis deux heures iusques à quatre heures. Et aduenant feste le Samedy cessera l'audiance dudit Siege à l'apresdinée du Vendredy precedent, esquelles audiances sera continué l'expedition des rolles , & seront les appointemens desdites Audiances receuz & regiftrez par le Greffier.

IX

Seront les regiſtres deſdites Audiances communiquez aux Procureurs, & leurs principaux Clercs, & les appointemens preparatoires délivrez en papier, & leſdites condemnations & jugemens d'iſſinitifz & appointemens ſubjectz à execution en parchemin, qui ſeront faitz & déliurez par le Greffier & ſes Clercs, ſelon & en la forme accouſtumée, ſans prejudiçe des autres droits deſdits Greffiers.

X

Ne ſera miſe aucune cauſe eſdits roolles que par l'advis des Advocatz des parties ou de l'vn d'eux qui ſignera le breuet, autrement ne ſera employée eſdits roolles. Et que les Procureurs n'ayent prealablement fait communiquer leurs Advocatz pour ſe reſoudre ſi la cauſe merite l'Audiance, ſinon la vuideront par expediant, & par l'aduis d'vn tiers.

X I

Seront tenuz leſdits Advocatz & Procureurs prealablement communiquer au Parquet és cauſes ou le Roy & le publicq auront intereſt, autrement leur ſera l'Audiance deſniée.

XII

Ne ſera fait aucune declaration de deſpens, qui emporte taxe en la forme des autres, qu'il n'y ait pour le moings deux delaiz, termes ou default, outre celuy de la condemnation & jugement. Ains ſeront leſdits deſpens taxez ſur le champ, & employez audit jugement ſans aucun ſallaire des Procureurs ou Commiſſaires

pour ce regard: Et quand aux autres defpens, ne pourront eftre taxez fans qu'il y ait Commiffion du Greffier.

XIII

Et quand aux contumaces & reffus fait par les Procureurs, d'affifter aux taxes de defpens , & comparoir
pour bailler leur declaration apres le premier mandement , feront les frais des fecondes & fubfequentes
inionctions taxez contre les Procureurs en leurs priuez
noms, fuiuant les reglemens cy deuant donnez à la dif-
cretion du rapporteur ou Commiffaire s'il ne fe trouue
excufe legitime ou fufifante.

XIIII

Seront lefdits articles leuz à l'Audiance , demain
matin regiftrez au pappier des remembrances de ce
Siege, & déliurez aux Sindics des Procureurs, pour les
faire garder & obferuer à ce que aucun n'en pretende caufe dignorance.

Deliberé & arrefté en la Chambre du Confeil dudit Siege Prefidial de Tours, le Mercredy dix-neufiéme
iour d'Avril , mil cinq cens quatre vingts quinze. Et
pour expedier & deliurer lefdits prefens articles , eft
commis Maiftre Louys Aubert Clerc de ladite Chambre du Confeil. Signé, AVBERT.

Leuz & publiez en l'Audiance du Siege Prefidial
de Tours, le l'endemain vingtiéme iour defdits mois
& an, en prefence des Aduocatz & Procureurs dudit
Siege, auquels eft enjoint garder & obferuer lefdits
articles,

9

articles, Et ordonné, ce requerant les Sindics desdits
Aduocats & Procureurs, ensemble le Procureur du Roy,
que lesdits articles seront imprimez pour estre gardez
& obseruez à l'aduenir.

Donné au Palais Royal de Tours, la Iurisdiction tenant, par nous Calais Rogier Conseiller du Roy, Lieutenant particulier, & ordinaire au Bailliage de Touraine
& Siege Presidial de Tours, les iours & an susdit. Signé
AVBERT.

Du Cahyer de 1617.

EXTRAICT DES REGISTRES DE LA
Chambre du Conseil du Bailliage & Siege Presidial de Tours,
interuenu sur la contrauention aux articles cy-dessus.

SVR ce qui a esté reconneu, que depuis quelques années il s'estoit introduit vne mau-
uaise pratique entre les Procureurs de ce
Siege, lesquels apres les deffences & repliques fournies, au lieu de receuoir reiglement en la cause, soit à lA'udiance ou par l'aduis d'vn
tiers selon la qualité de la matiére, se font respectiuement signifier infinis breuetz d'appointements con-
traires les vns aux autres, & sur ce instruisent le plus
souuent des contumaces à la grande foule, & oppres-
sion des parties. Et qu'outre, ils violent entierement
les anciens reglemens de ce Siege en la plus-part des
procedures, à quoy est necessaire de pouruoir.

B

I

La matiere mife en deliberation a efté ordonné, que dorefnauant , les Procureurs ne fe feront plus fignifier aucuns breuetz d'appointemens, inutils defquels en cas qu'il s'en trouue aucuns ne fera rien alloüé par le Commiffaire qui proceddera a la taxe des defpens.

II

Que toutes contumaces inftruites en confequence d'iceux breuetz, & à faute de les paffer feront de clarées nulles, fans que les Procureurs qui les auront inftruites puiffent demander aucuns fraitz ny fallaires à leurs parties de l'inftruction d'icelles.

III

Qu'au lieu d'iceux breuetz, le deffendeur fournira de deffences, & le demandeur de repliques , fe feront fignifier les offres s'y aucunes ils veulent faire , & fe communiqueront les pieces defquelles ils s'entendent aider, fans aucune fommation ny interpellation.

IIII

Que lefdites défences & repliques fournies, les Advocatz & Procureurs confereront enfemble de la caufe, & en cas qu'ils ne fe puiffent accorder du reiglement, foit preparatoire ou difinitif pour le paffer entr'eux, les caufes feront mifes au roolle pour en receuoir expedition à l'Audiance.

V

Et affin d'obüier aux longueurs, & faciliter l'expedition, qu'és caufes efquelles il ne fera queftion que de reiglement preparatoire ou de matiere legere non excedant dix liures, l'on pourra faire sommer le Procureur de comparoir à la barre pardeuant vn ou deux Conseillers qui s'y trouueront auec vn commis du greffe, pour receuoir reiglement par leur aduis. Et en cas que les Procureurs ne veulent tenir ledit reglement en feront declaration à l'instant, afin de venir à l'entree du premier iour de l'audiance, auquel ils emporteront assignation ô inthimation, pour voir iceluy omologuer & receuoir, ou declarer par eux les moyens du refus, & estre reiglez ainsi que de raison, autrement demeurera arresté & receu.

VI

Que les Procureurs declareront trois iours auparavant, que les causes viennent à leur tour du roolle, le nom de leurs Aduocats, afin de conferer ensemble de la cause, s'ouurir de leurs moyens pour venir preparez de plaider en Audiance, & éviter tant de remises sur nouueaux delais ou communiquations requises,

VII

Qu'és premiers ou seconds appointements, les Procureurs declareront si la cause, est de l'ordinaire du premier ou second chef de l'Edit, & en cas de discord, contesteront sur le chef, pour en estre reiglez suiuant les Edits & Arrestz de Nosseigneurs du grand Conseil.

VIII

Qu'és appellations esquelles y aura conclusion, comme en procés par escrit apres les forclusions de fournir de griefz ou responces, ne sera fait aucune demande & profit de forclusions, ains seront icelles forclu-

fions auec le mandement & certificat mis au fac, pour
eſtre procedé au jugement du procés ainſi qu'il appar-
tiendra, & en cas qu'il ſoit, puis apres fourny de griefz,
ſeront leſdites forcluſions reſeruées en difinitiue, ou
taxées ſur le champ ſans declaration.

IX

Que les articles arreſtez ſur la requeſte & remonſtrance des Sçindicz des Procureurs de ce Siege, le
dixneufiéme Avril 1595. ſeront gardez & obſeruez ſelon
leur forme & teneur, leſquels auec le preſent reiglement ſeront leuz à l'Audiance à la diligence du Procureur du Roy : Et tous les ſix mois és premieres
aſſemblées des Procureurs d'apres la Touſſainéts, &
Paſques, à la diligence de leurs Sindics, & imprimez à ce
qu'aucun n'en pretende cauſe d'ignorance, le tout ſans
deſroger ny innouer aux articles accordez entre les
Officiers de ce Siege, leſquels ſeront pareillement
gardez, obſeruez, & entretenuz. DONNÉ en la Chambre du Conſeil du Siege Preſidial de Tours, le quinzié-
me iour de Iuillet mil ſix cens dixſept. Signé RVAV.

LEV & publié en l'Audiance du Siege Preſidial de
Tours, le Mercredy dixneufiéme iour dudit mois de
Iuillet 1617. en preſence des Aduocatz & Procureurs de
ce Siege, auquels eſt enioint garder & obſeruer le reiglement cy-deſſus, Et ſur la remonſtrance des Sindics
des Procureurs. Ouy Pallu pour le Procureur du Roy,
ordonné que la ſommation ſera faite à comparoir à la
barre, pour receuoir les expeditions cy deſſus au tiers
iour ſeulement, qui ſera nommé par ladite ſommati-

on dont coppie sera baillée, & à faute de comparoir,
sera permis prendre deffaut contre le deffaillant, dont
le profit sera iugé quand il y escherra , & receu au premier iour de l'Audiance suiuant, auquel les parties emporteront assignation comme dessus. Et pourront neantmoins lesdits Procureurs se faire volontairement
reigler sans sommation par le premier des Conseillers
qui se trouuera en la salle du Palais comme il est ac-
coustumé. Et sera ce que dessus registré au papier des
remembrances du Greffe ordinaire de la Cour de ceans
pour y auoir recours quand besoin sera. DONNE' au
Siege Presidial de Tours la Iurisdiction des causes ordinaires tenant, & prononcé par nous Iacques Gaultier
Conseiller du Roy nostre Sire , President audit Siege,
les iour & an que dessus.

*ORDONNANCE EN FAVEVR DES CONTVMAX
qui sont receuz à presenter requeste pour le rapport des sentences
contre eux , renduës dans trois mois apres la signification d'icelles , ensemble sur la forme de la taxe de toutes sortes de despens.
8 May 1627.*

SVR ce qui a esté reconneu que aux contumaces qui se iugent à ce Siege , il arriue souuant
que par la negligence des deffaillans plusieurs
parties sont condamnées, qui au fond ont de
tres bons moyens : mais d'autant quelles ne sont plus
receuës à les proposer apres les contumaces iugées , &

qu'il ne leur reſte pour ſe pouruoir à l'encontre que la voye d'appel en la Cour, ou de requeſte ciuile à ce Siege ſelon que les Iugemens ſont renduz au Preſidial, ou a l'ordinaire, elles ſont contraintes de ſouffrir l'execution deſdits Iugemens, abandonnant les iuſtes défences de leurs cauſes pour n'auoir le moyen de s'engager, & attendre l'éuenement d'vne cauſe d'appel ou d'vne inſtance de requeſte ciuille, qui leur eſt vne tres grande vexation: A quoy il eſt beſoin de pouruoir, comme auſſi de deſcharger les Audiances du iugement deſdites contumaces qui ne meritent vne inſtruction, & de la taxe des deſpens qui ne meritent vne declaration: En quoy la plus part du temps deſtiné pour leſdites audiances eſt inutilement employé.

La matiere miſe en deliberation, ouy ſur ce, le Procureur du Roy.

I

A eſté conclud que d'oreſenauent les condamnez par ſentances de contumaces, ſeront nonobſtant icelles receuz à propoſer leurs deffances & moyens, pourueu qu'ils preſentent leur requeſte à cette fin dans trois mois apres la ſignification a eux faites deſdites ſentences, & qu'ils refondent actuellement tous les deſpens deſdites coutumaces, inſtruction d'icelles & de tout ce qui s'en ſera enſuiui, ſans quoy ils ne ſeront receuz à preſenter leurdite Requeſte, mais ledit temps de trois mois paſſé ils ne ſeront plus receuz à ſe pouruoir contre leſdites ſentances, autrement que par les voyes de droit.

II.

Lesquelles contumaces, quand elles seront poursuiuies pour somme non excedant 12. liures, le profit sera jugé sur le champ aux Audiances, & pour celles qui seront au dessus de douze liures, & n'excedant vingt-cinq liures, elles s'instruiront sans aucunes écritures, portant conclusions & profits de deffaut, anis seullement par vn bref inuentaire en minutte : Pour les espices, desquelles ne sera pris que quarante sols, & le Greffier trente-sept sols six deniers, pour la façon & signature de la sentance, & quand aux autres contumaces excedant vingt-cinq liures, elles seront instruites & iugées ainsi qu'il s'est de tout temps obserué & pratiqué à cedit Siege.

III.

Et en ce qui concerne les despens des Audiances, ceux que l'on jugera ne pouuoir estre taxez sur le champ, & aussi pour la modicité ne meriter vne declaration, seront taxez sur vn bref estat, qui est à dire sur vne demie feüille de papier contenant en minutte, les articles desdits despens, pour l'examen duquel le Commissaire ne prendra pour sa vacation que la somme de seize sols.

IV.

Taxera pareille somme au Procureur qui l'aura dressé, & à chacun des Procureurs pour leur assistance huit sols, & pour le regard des autres despens dont on prononcera simplement la condamnation, sans adiouster ses mots sur vn bref estat, ils seront taxez à la maniere accoustumée.

Et sera la presente Ordonnance baillée par le Greffier aux Sindics des Procureurs, ausquels est enioint la faire publier en l'assemblée de leur communauté pour la garder & obseruer. Donne' en la Chambre du Conseil du Siege Presidial de Tours, le huitiéme May mil six cens vingt sept. Signé Rvav.

✿✿✿✿✿✿✿✿✿✿✿✿✿✿✿✿✿✿✿✿✿✿✿✿✿✿✿✿✿✿✿✿✿✿✿✿

AVTRE ORDONNANCE DV VENDREDY 30. de Mars 1640. renduë en la Chambre du Conseil du Siege Presidial de Tours, conscernant les causes qui peuuent estre poursuiuies aux entrée des Audiances.

SVR ce qui a esté reconneu, Qu'au lieu que les entrées des Audiances auoyent esté establies seulement pour l'expedition des causes modiques, & de celles qui meritent celerite; les Procureurs par succession de temps y auroyent introduit toutes sortes de causes: dont les Audiances se trouvent tellement chargées, qu'il ne reste pas du temps pour expedier celles des roolles, ce qui est de grand prejudice aux parties, & au bien de la Iustice.

La matiere mise en deliberation, a esté conclud, Que doresnauant il ne sera plus expedié aux entrées des Audiances que les causes qui suiuent, ascauoir.

I

Pour les Maistres contre les seruiteurs, quand ils se seront diuertis de leur seruice: & pour les seruiteurs quand ils auront esté chassez ou mal traitez par leurs Maistres,

& pour

& pour le payement de leurs gages.

II.

Les oppositions, lors qu'il y aura des bestiaux, fruicts & autres meubles qui se pourroient déperir & consommer, tant en garde que dépence & décharge des gardiataires, & autres oppositions sur l'execution des contracts & obligations, où les opposans demanderont seulement terme.

III.

La condamnation des dépens, quand le principal est payé.

IV.

Toutes causes de deboutté de renuoy, desertions, & contre les dépositaires.

V.

Toutes causes esquelles il s'agira de conseruer la Iurisdiction contre les entreprises des Consuls, & autres Iustices Royales & subalternes ; & toutes causes d'allimens.

VI.

Que à la barre, ceux qui seront sommez d'y comparoir, y seront tenus comparoir pour y receuoir reglement, & les preparatoires en toutes cause : ensemble les Iugemens qui n'excederont en principal la somme de quinze liures. Et où le Iugement seroit contesté, le Greffier sera tenu donner les qualitez à l'Huissier Audiancier pour estre appellées à la premiere Audiance, par preferance aux causes d'entrées.

VII.

Que és instances discontinuées d'an & iour, ne sera presenté requeste pour proceder suiuant les derniers erremens : mais seulement sommé le Procureur de deffendre dans vn delay competant, selon la distance de la demeure de la partie. VIII.

Ce qui fera leu en l'Affemblée de la Communauté des Procureurs, à ce qu'ils ayent à y obeyr.

IX.

Donné en ladite Chambre du Confeil, lefdits iour & an. Signé, HVET.

ORDONNANCE DES AVDIANCES DV Mardy vingt-deux Iuin 1644.

SVR ce qui a efté remontré par les Sindics des Procureurs, qu'encores que par le reglement fait en cette Chambre, le Vendredy dernier Mars mil fix cens quarante, nous euffions reglé les caufes qui fe doiuent expedier aux entrée des Audiances: Neantmoins l'on n'auroit delaiffé d'y introduire toutes fortes de caufes, ce qui auroit tellement chargé les Audiances, que celles des roolles ne pouuoyent eftre expediée, & que d'ailleurs par la mifere du temps; les caufes qui fe doiuent expedier aufdites entrée, font en fi grand nombre qu'elles peuuent fuffire pour fournir vne Audiance chacune femaine. La matiere mife en déliberation.

I.

A efté conclud, que dorefnauant tous les Mardis

matin de chacune semaine hors les temps des Assises, il y aura Audiance depuis neuf heures iusques à vnze heures, ou lesdites causes d'entrées seront expediées seulement : Et ce par Audiance qui sera donnée aux Procureurs, sans aucun roolle. Et dans le temps des Assises, ladite Audiance tiendra les apresdinée, depuis deux heures iusques à quatre heures. Et aux autres iours d'Audiance, les causes des roolles y seront appellées sans que les Procureurs y puissent demander aucunes entrée, si ce n'est pour les Reiglemens de la Barre qui seront contestez. Et sera la presente Ordonnance leuë & publiée à l'Audiance : Donné en la Chambre du Conseil du Siege Presidial de Tours, le vingt-deuxiéme de Iuin 1644. Signé HVET.

Du Cahyer de 1662.

ARTICLES ARRESTEZ EN LA CHAMBRE du Conseil du Siege Presidial de Tours, pour l'abreuiation des Procez, le 23. d'Aoust 1662.

I

Onformement au premier article du cahyer de 1595. contenant, que toutes demandes, Commissions, Requestes & libelles, qui seront dressées par les Procureurs, seront signées de celuy qui les aura dressée.

II

En 'reformant le second Article dudit reiglement, que les termes des dellais qui seront accordez és causes des Habitans de cette Ville & Faux-Bourgs , & de ceux dont la demeure n'est distante que de trois lieuë d'icelle , seront de huitaine, & pour ceux qui demeureront és lieux plus esloignez, de quinzaine, & ne sera donné que deux dellais sans cause ligitime.

III

Que le troisiéme Article dudit reiglement sera suiui, ce faisant , que les presentations des causes ne seront faites à jours de Dimanches ou Festes, encor que les assignations s'y trouuassent écheuë, ains seront remises au l'andemain de la Feste.

IIII

Qu'en expliquant le quatriéme Article, les défaux obtenus faute de presentation, ne seront délivrez que le troisiéme iour franc d'aprés l'écheance, sans conter les Festes ny le iour qu'écherra ladite assignation, n'y celuy de la déliurance, & pour ceux qui seront pris aux accords, ne pourront estre signifiez qu'ils ne soyent demeurez au Greffe trois iours francs comme dessus apres le datte d'iceux : Lesquelles presentations seront faites par les Procureurs, ou leurs Clercs, sans que les Greffiers desdites presentations puissent cotter aucun Procureur qu'en sa presence ou de son Clerc : Et aprés que l'vn desdits Procureurs, soit demandeur ou défendeur , sera cotté sur le registre , le Greffier ne pourra registrer la presentation de l'autre en vn autre endroit de son papier, ains cottera le nom du second Procureur qui le presentera sur la presentation du premier, & en mesme iour, faute de quoy, seront les Greffiers des presentations, responsables des défaux qui seront pris contre ceux qui se seront presentez & de l'éuenement d'iceux : Et ne seront sujettes à presentation les causes des seruiteurs contre leurs Maistres, ny les Maistres contre leurs seruiteurs pour retourner en leurs seruices, non plus que toutes autres causes qui requierront scelerité, & regardent le fait de Police.

V.

Que le cinquiéme Article dudit reiglement sera suiui, ce faisant qu'il ne sera donné aucun défaut, forclusion ny jugement sur iceux, aux entrées des Audiances, quand il y aura Procureur qu'auprealable, le Procureur du deffaillant, où que l'on voudra faire forclore, ne soit Audiancé par l'Huissier Audiancier, en seruice qui en sera rapport à l'Audiance.　　　　　VI

Que le sixiéme Article sera suiui, & afin que l'expedition des causes ne soit retardée sous prétexte de quelques petites difficultez ou formalitez qui suruiendront entre les Procureurs pour les preparatoires desdites causes, sera tenu le Procureur qui en sera requis par l'autre, comparoir deuant vn tiers pour prendre reiglement par l'aduis dudit tiers, sur lesdites difficultez ou formalitez, lequel reiglement sera suiui, peine contre le refusant de vingt sols d'amende, si ledit reiglement est jugé raisonnable à l'Audiance, lequel reiglement contesté sera poursuiui au premier iour d'Audiance de l'Edit,

ou hors l'Edit, selon la quallité de l'affaire, autrement
& à faute de ce faire sera ledit reiglement executé, auquel iour les partyes emportent assignation, ô intimation, & baillera le Procureur contestant, les qualitez à
l'Audiancier comme aux reiglement de la Barre, & à
faute de ce faire, demeurera ledit reiglement homolo-
gué, & jusques à ce qu'il en ait esté ordonné, ne pourra l'vn
desdits Procureurs proceder par défaut ou par forclusion contre l'autre, sur mesme peine.

VII.

Et au regard des instructions qui seront faites pour
le profit des défaux seconds, lesdites instructions ne
pourront estre faites que trois iours apres l'echeance de
l'assignation donnée sur lesdits défaux seconds, ou de
la signification de ceux desdits défaux, qui ne requiérent
assignation, és conclusions desquels défaux, ne sera ins-
crit que le fait de la cause, pourquoy sera taxé aux Procureurs, tant pour icelles conclusions qu'inuentaires :
Sçavoir, pour les causes dont le fond sera de trente
liures, quatre liures seize sols seullement, tant pour minutte que pour grosse, & pour celles dont le merite sera
au dessous desdites trente livres, quarente huit sols &
non plus. ## VIII.

Que suiuant le septiéme Article dudit reiglement de
1595. & le dix-neuf des Articles accordez entre les Officiers de ce Bailliage en 1609. ne sera baillé aucune assignation en premiere instance és maisons des Iuges,
fors pour forains, en affaires qui meritent scellerité, cu-
ratelles, visitations de bâtimens qui menassent prompte

rüines , faifie de meubles fur débiteurs fugitifs , op-
pofitions aux faifies de meubles, & beftiaux qui déepe-
riffent, entreprife de Iurifdiction , executions de jugemens & fentences, aufquels cas fe pourront donner les
affignations au ban des expeditions de l'iffuë de l'Audiance, où en la maifon du Lieutenant General, Particulier, Affeffeur, ou autre fuiuant en ordre , mefme
pendant les vaccations & ceffation de la Chambre, qui
pourront feuls adjuger la prouifion, à la charge de r'en-
uoyer les partyes à l'Audiance au premier iour, pour
eftre fait droit au principal, fans que és autres matieres
ils puiffent juger feuls aucuns differends , finon pour
lefdites executions de jugement & fentence, & au pre-
fent Article, ne font comprifes les caufes dont la connoiffance eft attribuée au Lieutenant General.

IX.

Ne fera Pourfuiui aucune caufe à l'Audiance des
Mardys, n'y aux entrée des autres Audiances, que celles qui fe trouueront de la qualité énoncée par le reiglement de la creation de ladite Audiance, peine de
nulité des jugemens & autres expeditions, & de celles
portées par jugement rendu à l'Audiance le fix Feurier
1646. & ne feront les Procureurs des défendeurs obligez d'y comparoir, finon és caufes cy-apres.

X.

Pour les Maiftres contre les feruiteurs, quand ils fe
feront diuertis de leurs feruices . & pour les feruiteurs
qui auront efté chaffez ou mal traitez par leurs Maiftres,
où pour le payement de leurs gages.

XI.

Les causes de bestiaux saisis, fruits & autres meubles qui pourroyent déperir & se consommer tant en garde que dépence, décharge des gardiateurs, & oppositions sur l'execution des contracts & obligations, où les opposans demanderont seullement terme.

XII.

La condamnation des dépens, quand le principal est payé.

XIII.

Toutes causes de debouté de renuoy, desertions, & contre les dépositaires.

XIV.

Celles où il s'agira de conseruer la Iurisdiction contre les entreprises des Consuls & autres Iustices Royales & Subalternes.

XV.

Les causes de retraits, délogement & allimans.

XVI.

Les causes esquelles il s'agira de faire déclarer les instances peries, desertions d'appel, ou à faute d'auoir releué l'appel par l'appelant, que les sentences seront executée suiuant l'Ordonnance.

XVII.

Celles pour estre receu à plaider en refondant.

XVIII.

Toutes causes dont le principal n'excedera quarante liures.

XIX.

Toutes causes de sallaires, vaccations, & argent déboursé de Procureurs.

XX.

Toutes causes esquelles il s'agira de prononcer contre des

tre des debiteurs fugitifs & abſens, ou qui diuertiſſent leurs meubles, creditz & effets.

XXI.

Et ſeront les aſſignations données du moins dés le Vendredy precedant, & continüée aux Audiances ſuiuantes de Mardy, ſans qu'il ſoit beſoin de les renouueller, ſinon lors que le tour du Procureur pourſuiuant ſera paſſé.

XXII.

Et pouront eſtre neantmoins demandées aux entrées d'Audiances des autres iours, les cauſes ou il ny aura de Procureurs, celles ou il s'agira de la conſeruation de la Iuriſdiction, les retraits, les cauſes des Maiſtres & ſeruiteurs pour la continuation des ſeruices & payement de leurs gages.

XXIII.

Les ceſſions & abandonnement de biens, les opoſitions pour raiſon deſquelles, les beſtiaux, fruits & autres meubles ſaiſiz pouroient déperir, les delogemens & prouiſions d'allimens.

XXIV.

De toutes leſquelles cauſes, celles qui ſe trouueront du pouuoir de la Barre y ſeront expediée ſans qu'il ſoit loiſible aux Procureurs les porter à l'Audiance, ſinon en cas qu'elles y ſoyent renuoyée par les Commiſſaires qui y expediront, & ſont les Sindics des Procureurs aduertis de tenir la main à l'execution du preſant article.

XXV.

Toutes cauſes n'excedant trente liures en principal, tant en premiere inſtance que d'appel, ſeront expediée à la Barre par trois de Meſſieurs qui ſe trouueront à l'iſſuë de l'Audiance, d'ordre en ordre.

D

XXVI

Tous preparatoires en quelque cause que se soit, seront expediez à la Barre, dont sera fait acte sur le registre par les Officiers qui s'y trouueront.

XXVII.

Pourront aussi lesdits Commissaires iuger à la Barre, pour le profit du premier défaut iusques à dix liures, soit qu'il y ait Procureur ou non, pourueu que la demande soit fondée sur escrit, & iusques à six liures és causes ou la demande ne sera fondée sur escrit, & ne pourra le Greffier enregistrer aucun iugement à la Barre, à la poursuite des parties & Sergens, si elles ne sont assistée d'vn Procureur, conformement aux autres reglemens rendus à l'Audiance.

XXVIII.

Et ou le Procureur ne voudra tenir lesdits reiglemens, il en fera declaration à l'instant pour en venir au premier iour d'Audiance suiuante, auquel iour les parties emportent assignation ô inthimation, pour les voir homologuer & receuoir, ou sinon déclarer leurs moyens de refus, autrement lesdits reiglemens demeureront diffinitifs, & seront deliurez par le Greffier sans que la partie contestante puisse estre par apres receuë à le contester. Et pour cet effet, les causes consernant lesdites contestations, seront appellée preferablement à toutes autres causes sur vn texte qui sera pour cet effet, par le Procureur du contestant, mis és mains de l'Huissier Audiancier, & l'Audiance par luy poursuiuie, & en cas que ledit reiglement soit confirmé, la partie

contestante sera condamnée en trente sols apliquables
aux reparations de la salle du Palais, & à faute de pour-
suiure l'Audiance par ledit Procureur contestant, au iour
suiuant, lesdits reiglemens ou iugemens disinitifs, seront
déliurez aux parties pour les faire executer.

XXIX.

Auant contestation en cause, les Procureurs declareront si elle est de l'ordinaire du premier ou du second
chef de l'Edit, & en cas de discord, contesteront sur le
chef pour en estre reiglez suiuant les Edits & Arrests
de Nosseigneurs du Grand Conseil, & l'article sept dudit reiglement de 1617.

XXX.

Les causes estans en estat d'estre portée à l'Audiance,
les Procureurs nommeront respectiuement leurs Aduocats pour les conferer, & se communiquer leurs sacs
trois iours deuant que la cause soit appellée, afin d'estre
certains de la verité des pieces pour plaider en Audiance, & receuoir reiglement dont lesdits Procureurs &
Aduocats demeureront d'accord auant d'estre receuz à
plaider.

XXXI.

Ceux qui pretendront quelque erreur en la prononciation des iugemens, & reiglemens de l'Audiance, pre-
senteront requeste, laquelle prealablement signifiée, ils
mettront és mains du Lieutenant General, Particulier
ou autre suiuant en ordre, en cas d'abscence, ou l'vn de
ceux qui auront assisté à l'Audiance, pour le lendemain
de la prononciation, en estre fait raport, & y estre pourueu, & à l'effet de l'expedition desdits reiglemens ou

jugemens, les Procureurs feront tenus s'accorder des qualitez, & les bailler au Greffier dans vingt-quatre heures, finon il les prendra du dernier apointement ou breuet fignifié, eftant és mains de celuy qui voudra leuer ledit reiglement ou jugement: Et ledit temps paffé, l'on ne pourra plus reuenir contre lefdits jugemens ou reiglemens, contradictoirement rendus & regiftrez, que par les voyes de droit.

XXXII.

Conformément à l'Article vnze, les Aduocats & Procureurs, feront tenus auant de venir à l'Audiance, prealablement, de communiquer au Parquet, les caufes où le Roy & le Public auront intereft, autrement leur fera l'Audiance dényée.

XXXIII.

Es inftances difcontinuée par an & iour, ne fera prefenté requefte pour proceder fuiuant les derniers errements, mais feullement fera fommé le Procureur de defendre, dans vn delay compettant, fuiuant la diftance des lieux, & à faute de défendre, le pourfuiuant pourra continuer fes pourfuites fur lefdits derniers erremens.

XXXIV.

Les Procureurs qui auront efté auertis, ou auront connoiffance qu'vn autre Procureur fera chargé de l'affignation de partye aduerfe, ne pourront faire aucune expedition, foit de défaut ou autre inftruction, fans en auertir ledit Procureur, peine de nullité des procedures, & de foixante fols d'amande, apliquables au profit de la communauté, lequel Procureur fera fignifier les qualitez de la cause qui seruira d'aduis.

XXXV.

Les sommations d'expedier ne pourront estre faites au dedans du temps de la presentation, delais & termes de la cause sur les mesmes peines.

XXXVI.

Les roolles seront faits des causes qui seront reconnuës par les Sindics, estre en estat d'estre plaidée, où les Procureurs en pourront mettre d'eux, chacun selon son rang & ordre de reception à chaque roolle, qui seront faits d'assise en assise, alternatiuement, & d'ordre en ordre comme dessus : Et en cas qu'il y ait quelques Procureurs chargez de causes en estat d'estre portée à l'Audiance, en plus auant que ledit nombre de deux pour chacun roolle, pourront lesdits Procureurs, les employer à la fin du roolle, estant au prealablement verifiée par lesdits Sindics, esquels roolles ne seront employez aucune cause qui n'excede trente liures, si ce n'est qu'elles ayent esté r'enuoyée de la Barre à l'Audiance.

XXXVII.

Et seront lesdits roolles mis au Greffe, quinze iours au moins deuant, que chacune assise, commence pour estre les causes appelée dés les premiers iours de ladite Assise : Et pour celles qui demeureront au roolle précedant, elles seront apoinȶée, l'execution duquel apointé demeurera neantmoins surcis de quinzaine, à conter du iour de la signification d'iceluy apointé.

XXXVIII.

Les causes d'appel des jugemens rendus par les Lieutenant General, Particulier, Aſſeſſeur ou Conſeillers, du Siege, ſeront employée au roolles d'appeaux à la fin deſdits roolles, ſans qu'il ſoit loiſible les mettre en autre lieu, conformément aux antiens reiglemens.

XXXIX.

Tous les défauts premiers prononcez à tour de roolle emporteront profit, ſoit de jugement diffinitif ou d'inſtruction.

XL.

Les condamnez par défaut & contumaſſe, ne ſeront receuz à plaider qu'en refondant actuellement les dépens deſdits défauts & contumaſſes, juſques au iour du jugement qui interuiendra ſur leur requeſte, meſme ceux de ladite requeſte & procedures, ſuiuant le reiglement dudit iour huitiéme May 1627. ſauf à répeter leſdits dépens, en cas que ledit jugement ne ſe trouue bien obtenu.

XLI.

Et ſi apres auoir eſté par leſdits defaillans receus vne fois à proceder par le moyen de la refuſion qu'ils auront faites, ils ſe laiſſent d'abondant condamner par défaut, ils ne ſeront plus receuz à y reuenir pour la ſeconde fois: Et ſera le profit du défaut ſecond jugé ſur le champ, ſans qu'il ſoit beſoin d'inſtruire vne nouuelle contumace.

XLII.

Les jugemens rendus par défaut, ne pourront eſtre leüs & ſignifiez que trois iours apres le datte d'iceux, au dedans deſquels pourra les défaillant, faire ſignifier ſes défances par breuet au Procureur, pour eſtre receu à plaider: Et ledit temps paſſé, ſera ledit iugement leué & ſignifié, pour eſtre executé à l'exception de ceux por-

tant main leuée, ou Ordonnance de vente de beſtiaux,
& ceux rendus au profit des parties, demeurant hors
la Province, dont l'execution ne peut receuoir de dilla-
tion: Enſemble ceux rendus contre les fugitifs & abſens,
& les iugemens de prouiſion, tous leſquels iugemens
ſeront executez ſans attendre aucun temps.

XLIII.

Tous condamnez par défaut ne ſeront receuz à ce
pouruoir contre leſdites condamnations, trois mois a-
pres la ſignification des jugemens contre eux rendus,
conformement audit reiglement de 1627.

XLIV.

Tous les appellans, meſmes les anticipez, ſeront tenus és appellations verballes de fournir des actes appella-
toires, & quand aux procez par écrit, l'inthimé fournira de la ſentence, & l'appellant du proces en matiere
ciuille, ſuiuant l'Ordonnance.

XLV.

Et en cas que les deux parties ſoyent reſpectiuement
appellantes d'vn meſme jugement, le premier appellant
fournira de l'acte appellatoire és appellations verballes,
& quand aux proces par écrit, le premier appellant fournira du procez principal, & l'inthimé de la ſentence
comme deſſus   XLVI.

Quand il y aura appel de la ſentence, & de l'executoire releué par meſme relief, ne ſera taxé aux Meſſa-
gers qu'vn ſeul port, tant du procez principal que déclaration de dépens.

XLVII.

Pour lesquels ports de procez & déclarations de dépens, qui ressortissent & seront apportée à ce Siege,
sera taxé, sçauoir pour ceux de la Preuosté & des autres
Iustices de cette Ville & Banlieuë, jusques à la distance de deux lieuës trente deux sols.

XLVIII.

Pour ceux de Mombason, Luisne, Monloüis, Ruigné,
Chansay, Vernou, Beaumont-la-Ronse & autre de distance de cette Ville, de trois jusques à six lieuës, soixante
sols.

XLIX.

De Rilly, Chasteaux en Anjou, Beaumont-la-Chartre
Mirson, Saint Christofle, laMarchere, Saint Pater, les
Hermites, Chasteau-Regnault, Mont-Trichard, Bleré, &
autres distant de cettedite Ville, d'audessus de six jusques
à dix lieuës, six liures.

L.

De Riche-Lieu, laGuierche, Estableau, Preüilly,
Meziere en Brenne, & autres de distance de cettedite
Ville, d'audessus de dix lieuës, jusques à la fin & extré-
mité du resort, dix liures.

LI.

Et pour les Sieges Royaux, sçauoir, d'Amboise &
l'Angets, cent sols.

LII.

De Loudun, Chinon & Loches: Attendu qu'il y a
des Messagers ordinaires, huit liures.

LIII

Sans que pour raison desdits ports de proces & déclarations de dépens, il en puisse estre pretendu & taxé
d'auentage,

d'auantage, & fera la taxe faite par celuy des Officiers de ce Siege, qui en fera requis par le Greffier ou fon Commis, conformément au reiglement cy-deffus, pour eftre enfuitte de ladite taxe deliuré executoire par les Greffiers, en la maniere accoûtumée.

LIV.

Tous gardiataires de meubles dont le déplaffement aura efté fait, feront pour le profit du défaut qui fera contr'eux obtenu fur la prefentation, condamnez à la reprefentation d'iceux, fans que neantmoins le jugement puiffe eftre executé que trois iours apres la fignification d'iceluy, auquel effet fera employé dans le jugement la furceance dudit temps, & où il fe trouuerroit y auoir peril au retardement par la crainte du diuertiffement defdits meubles, audit cas ladite furceance ne fera employée audit jugement.

LV.

Et au regard des gardiataires de meubles non enleuez, & Commiffaires de früits, ils ne pourront eftres condamnez que pour le profit du défaut fecond, ny le jugement executé que huitaine apres la fignification d'iceluy. ## LVI.

Conformément aux Articles 12. & 13 des precedans reiglemens, ne fera fait aucune déclaration de dépens qui emporte taxe par executoire, qu'il ny ait pour le moins trois apointemens delais, termes, ou défaut, oûtre celuy portant la condamnation defdits dépens, ains feront lefdits dépans taxez fur le champ, & employez audit jugement fans aucuns fallaires de Commiffaires,

ny de Procureurs pour ce regad, & és inſtanceſ où il ſe
erouuerra trois termes, & le jugement, audit cas leſdits
dépens ſeront taxez par déclaration, s'il y à plus de trente articles : Et au deſous ſeront leſdits dépens taxez ſur
vn bref, ainſi qu'il a accoûtumé, auquel effet ſera pris
le commertittur au Greffe, ſigné du Greffier, & où il
ny aura aucun appointement, ne ſeront les défaux &
inſtruction conſiderez pour termes.

LVII.

Les Procureurs qui ſeront refuſans d'aſſiſter aux taxes de deſpens prononcez par iugement en dernier re-
ſort, ou au ſecond chef de l'Edit, & de bailler leur declaration aux proces verbaux de mandemens des forcluſions & contumaces, les fraiz des ſecondes & ſubſe-
quentes forcluſions ſeront taxez contre les refuſans, en
leurs priuez noms, ſuiuant le 14. article du reiglement
cy-deſſus à la diſcretion du Commiſſaire, s'il ne ſe trou-
uoit excuſe legitime & ſuffiſante.

LVIII.

Les injonctions de randre les pieces communiquée,
ſeront obtenüe, ſçauoir la premiere de trois iours, la ſeconde de 24. heures, & la contrainte par corps à la Chambre, fors pour celles conſernant le raport des deſpans
qui ſe prendront du Commiſſaire, ſçauoir la premiere
le iour de l'echéance de l'aſſignation qui ſera donnée
pour la taxe deſdits deſpens, vne autre le lendemain,
& la contrainte par corps à la Chambre, ſans qu'il ſoit
loiſible aux Huiſſiers ſignifier leſdites injenctions con-
iointement, & en meſme temps, ains, leur eſt enjoins

les déliurer, & expedier separement selon que le cas le requerra.

LIX

Ne sera fait signifier aucuns breuetz, que les demandes, defences, responces & repliques.

LX.

Es causes reiglée en contrarietté, & dont le reiglement portera que les parties escriront leurs faits, dont elles feront preuue, apres que le demandeur ou le défendeur auront fourny leurs faits au Greffe : Ils pouront obtenir trois requestes d'injonctions & forclusions, contre le dillayant de fournir de fais.

LXI.

Apres lesquelles inionctions, sera pris acte aux accords, par lequel il sera forclos purement & simplement, de fournir ses faits. Et par le mesme acte luy sera enioint de prandre communication par les mains du Greffier, de ceux qui auront esté fourniz pour y fournir de responces, & les accorder, en n'yant à huitaine apres signification dudit acte, & ensuite sera obtenu deux autres requestes d'inionction de ce faire de trois iours & 24. heures, apres quoy sera pris sur le mesme registre des accords, vn acte portant forclusion pure & simple, qui emportera profit d'accord de faits, en nyant, pour en estre par les parties fait preuue.

LXII.

L'Enqueste faite & conclute, sera fourny le non, qualité & demeure des tesmoings ouys en icelle par breuet qui sera signifié au Procureur : sçauoir trois iours apres ladite conclusion pour les enquestes qui seront

E 2

faites par les enquesteurs de ce Siege , Quinzaine pour celles qui seront faites au dedans de la Province , par autres que lesdits enquesteurs commis à cet effet, Et trois semaines pour celles qui seront faites hors la Province par les Commissaires de cedit Siege , aussi autres que lesdits enquesteurs, & ensuite sera par vn seul & mesme acte obtenu les requestes d'injonctions & forclusions de huitaine, trois iours, & vingt quatre heures de faire enqueste & fournir de reproches.

LXIII.

Apres quoy sera pris vn acte ausdits accords, par lequel le dilligent sera iugé de sa conclusion en enqueste, & ordonné qu'elle sera déliurée pour la tenir par publication, & conclure en droit huitaine apres signification dudit acte, lors de laquelle signification, sera fait offre de communiquer l'enqueste.

LXIV.

Et à faute de faire ladite conclusion en droit, seront obtenües trois autres requestes d'injonction , de huitaine, trois iours, & vingt quatre heures comme dessus, & ensuite sera pris ausdits accords l'acte de conclusion en droit, & le reiglement à mettre les pieces par deuers la Cour, sans que pour-ce, il soit besoing aller à l'Audiance és causes ou les enquestes seront composée de plus de quatre tesmoings, & en execution dudit appointement en droit, sera par le diligent fourny, & mis sa production au Greffe , apres quoy il pourra acquerir contre le dillayant les injonctions ordinaires , de huitaine, trois iours , vingt-quatre heures de produire,

manaemens de Procureur, & certificat du Greffier, pour
mettre la cause en estat d'estre iugée.

LXV.

Le Procureur qui aura pris communication des faits
fournis au Greffe, ne poura les retenir pour y respondre,
& les accorder que pendant le temps d'vne huitaine
seulement

LXVI.

Lesdits faits estant accordez, & l'appointement de
contrarietté passé, ne sera accordé que deux delaiz de
faire enqueste outre ledit apointement de contrarietté,
si ce n'est pour quelque raison particuliere dont audit
cas les parties seront reiglée à la Barre, le mesme sera
obserué és causes reiglée en contrariété, dont les faits
seront posez & accordez par l'appointement de ladite
contrarietté.

LXVII.

Pareillement ne sera donné qu'vn seul delay de fournir de reproches, pour lequel fournir sera prealablement
le nom des tesmoins signifié comme dessus, apres quoi
seront les injonctions & forclusions de conclure en droit
obtenuës en la forme que dessus: Et le reiglement à produire, pris ausdits accords, en la forme que dit est.

LXVIII.

Es causes reiglée en droit à escrire & produire par aduertissement communiquables, prendre communication des productions pour y bailler contredits & salua-
tions, le Procureur du dilligent fournira au Greffe de sa
production & aduertissement, & obtiendra aux accords
à tous iours de Chambre ou Audiance, les forclusions
de huitaine, trois iours, & vingt-quatre heures d'écrire

& produire, & enfuite obtiendra les forclufions, de prendre communication de l'aduertiffement & production
pour y refpondre & contredire par vn feul & mefme
acte de huitaine, trois iours, & vingt-quatre heures, fans
qu'aucun Procureur puiffe retirer fa production, & cel-
le de partye aduerfe en mefme temps.

LXIX.

Et ne fera demandé aucun reiglement portant que les
partyes fe communiqueront par inuentaires, pour éuiter à bailler contredits, & au cas qu'il en foit par furprife prononcé aucun, l'inftruction neantmoins s'en fera
comme deffus, dans lefquelles productions où il n'y
aura reiglement à contredire, ne fera employé aucunes
piéces qu'elles n'ayent efté communiquée, ou coppie
d'icelles fignifiée, & ou il s'en trouuerroit de produit-
tes, non communiquée, feront contredites aux dépens
du produifant LXX,

Les Appellations des fentences des Iuges Subalternes,
interuenuë fur procez verbaux, enquefte fommaire, dé-
liberez & s'imples apointemens à rapporter par deuers
le Iuge fans autres inftruction, & où il n'y aura que deux
écus dépices, & au defous feront traitée comme appellations verballes, & les Greffiers defdits Iuges, tenus
rendre aux partyes chacun leurs piéces: A quoy faire ils
feront contraincts par corps.

LXXI.

Les congez prononcez à l'Audiance emporteront profit de iugement diffinitif ou d'inftruction, s'y ce n'eft
que l'appelant foit anticipé, auquel cas comme il a deux

qualitez d'appelant & d'anticipé, il faudra obtenir congé, défaut, reassigné & vn second pour instruire mandement & certifficat comme dessus, & ou ledit congé, défaut de l'appelant & anticipé, seroit prononcé à tour de
roolle, il emportera profit de iugement diffinitif, ou
de permission d'instruire en mesme forme comme dessus.

LXXII.

Quand aux intimez défaillant, sera obtenu premier
& second défaut aux accords, portant permission d'instruire és causes qui meritent instruction, ou sinon sera
le iugement poursuiui à l'Audiance pour le profit dudit
défaut second, és instance qui ne merittent instruction
obseruant les trois iours comme dessus, sans qu'il soit
besoin d'vn tiers défaut.

LXXIII.

Aux appellations des procez par écrit apres l'apointement de fournir par l'appelant du procez principal,
& l'intimé de la sentence comme il est cy-dessus dit, sera obtenu congé comme és appellations verballes faute
d'obeyr au iugé auec pareille instruction que dessus, &
quand le procez sera conclud à l'ordinaire, premier ou
second chef de l'Edit, seront les inionctions de fournir
de griefs, & produire obtenuë par mesme requeste de
huitaine, trois iours, & vingt-quatre heures : Et ensuite
sera obtenu deux inionctions de remettre le proces au
Greffe, ou rendre les griefs communiquez de vingt-
quatre heures chacune, & la troisiéme, sera la contrainte par corps, sans que les intimez puissent estres obligez de fournir de responces, s'y bon ne leur semble.

LXXIIII.

Les fignifications des breuets & affignations qui feront donnée en Audiance ou a la Barre, baux & decrets feront donnée au cinquiéme iour, pour la campagne & au tiers iour, pour la Ville & Faux-bourgs feulement, autrement l'on ne pourra eftre obligé de plaider, fors és caufes prouiloire, & qui requiérent fcellerité, lefquelles caufes feront inftrüitte comme deffus.

LXXV.

Les Procureurs qui prendront acte de leur comparution à la Barre, feront obligez pour éuiter aux furprifes, de faire employer fur le regiftre les quallitez de la caufe où ils veullent prendre lefdits actes, les noms des Procureurs des demandeurs defendeurs, & éuocquez.

LXXVI.

Si vn Procureur refufe de prendre par communication les piéces du dilligent, elles luy feront offertes par exploit, & en cas de fecond refus, le dellay de defendre courra du iour dudit refus, & pourra le défaut eftre obtenu comme fi lefdites piéces auoyent efté communiquée.

LXXVII.

Seront les contraintes par corps, contre les Tuteurs, Curateurs, & Commiffaires condamnez de rendre conte, obtenuë à la Chambre, apres les inionctions de huitaine, trois iours, & vingt-quatre heures, enfuitte defdites condamnations de rendre conte.

LXXVIII.

Es caufes reiglée en contrarieté, pour fommes excedent quarante liures, les forclufions eftant obtenué

comme

comme deſſus, l'on pourra obtenir aux accords, le reiglement à mettre les pieces, ſans eſtre obligé de porter
la cauſe à l'Audiance, & pour celles qui ſeront au deſſous de ladite ſomme de quarante liures, le iugement
en pourra eſtre pourſuiui aux Audiances des Mardy, eſ-
tant au preable inſtrüites en la forme que dit eſt.

LXXIX.

Toutes les oppoſitions aux decrets, ſeront formee
au Greffe, dont ſera retiré acte ſigné du Greffier, à peine
de nullité, & ſeront icelles formées dans le temps prefix,
par les Ordonnances.

LXXX.

Pour tout droit de façon de compte, ne ſera taxé aux
Procureurs, qu'à raiſon de quatre ſols pour roolle de
grand papier, & deux ſols pour la groſſe, & en petit papier deux ſols ſix deniers pour rolle, pour la faſſon dudit compte, & douze deniers par roolle, pour la groſſe,
& ſera employé en chaque page de grand papier, dix-
huict & vingt lignes, & au petit quatorze & quinze, &
ſeront les lignes écrites tout au long du papier, ſans faire deux marges.

LXXXI.

L'on ne pourra à l'aduenir, proceder par ſaiſies réelles,
& empriſonnement pour ſomme non excedant vingt
liures, ains par ſaiſie de früits, pendant par les racines,
ou meubles, ſinon apres vne ample perquiſition deſdits
meubles, auquel cas rapportant le procez verbal de la
dite perquiſition ſans fraude, ſera permis ſe pouruoir
par ſaiſies réelles, fors & excepté pour arrerages de
rentes Seigneuriales, fontieres & intereſts, pour leſquels

l'on pourra saisir à la maniere accoûtumée.

LXXXII.

Toutes obligations & autres actes autentiques emporteront execution parée, jusques à trente ans, conformément à l'Ordonnance.

LXXXIII

Les condamnations d'interests pourront estre renduës pour le premier défaut, quand la demande desdits interests sera fondée sur piece autentique.

LXXXIV

Si quelques maisons & heritages sont saisiz à la requeste de plusieurs Creantiers, par diuerses saisies de la Ville ou de la Campagne, le Commissaire aux saisies réelles ne pourra prendre qu'vne fois le droit qui luy est attribué pour l'enregistrement, attendu que la premiere saisie demeure, & que les subsequentes se conuertissent en oppositions, toutes fois si par les dernieres saisies, il y a des heritages qui ne soyent compris en la premiere, & que le saisisant s'en ueille seruir, il payera ledit droit estant en ce cas, ledit enregistrement necessaire, & quand aux assignations qui seront données pour paruenir au Bail, elles ne pourront estre faites que aux Procureurs des saisisans, saisis, & à l'antien Procureur des Creançiers opposans, fors la premiere intimation pour l'introduction des poursuites qui pourra estre faite à tous les Procureurs des opposans.

LXXXV.

Tous opposans seront obligez de fournir de moyens d'opposition à l'assignation qui leur sera donnée, pour proceder sur leurs oppositions, sans que le saisisant soit obligé leur communiquer les piéces en vertu desquelles la saisie à procedé sinon lors que le cas le requerra.

LXXXVI.

Enjoint aux Procureurs de se trouuer dans leurs Assemblées, qui se tiendra tous les Ieudys au troisiéme son de la cloche, à peine contre les défaillans de soixante sols, sinon en cas d'absence, maladie, ou autre excuse l'égitime, au payement de laquelle ils seront contraints sur le certificat de leurs Sindics, nonobstant oposition ou appellation quelconque, ne sera loisible à aucun Procureur de faire aucune expedition pendant le temps de ladite Assemblée, à peine de nullité des actes qui seront expediez.

LXXXVII.

Es causes du pouuoir de la Barre, il n'y aura que deux forclusions de faire preuue, dont la premiere sera de huitaine, & la seconde emportera profit.

LXXXVIII.

Les Procureurs préposez pour la façon des ordres & distributions d'heritages, seront obligez de donner récepicé des moyens d'opposition & piéces qui leur seront mises és mains, desquelles neantmoins ils demeureront déchargez, lors que les procez verbaux desdites distributions se trouueront arrestez, comme aussi seront les Procureurs tenus signer les récepicez des piéces qui leur seront communiquées, les coppies desquelles seront aussi signées par le Procureur qui les aura communiquées, pour valoir Originaux.

LXXXIX:

Ne pourront les Procureurs, prétendre plus grand sallaire & vaccations, que celles-cy apres.

XC.

Premierement sept sols six deniers pour le droit de
conseil sur les assignations en premiere instance, & sur
la communiquation des piéces, quand la consultation
ne sera par ecrit, sept sols six deniers, Pour chaque récepicé, cinq sols, pour chaque requeste & demande,
cinq sols, pour voir les défences & breuets signifiez,
cinq sols, pour leur vaccation & sallaire de chaque presentation, fors pour les presentations des causes d'appel
des Sieges Royaux, dont leur a esté d'ancienneté taxé
dix sols, outre le droit de conseil comme dessus, quarante sols pour chaque Lettre de relief d'appel, & autres Let-
tres de Chancelleries, tant pour minutte, expedition en
parchemin, signature au Greffier que seel és expeditions ou il n'y aura qu'vn sceau, cinq sols pour la comparution aux appointements, & forclusions simples,
sept, sols six deniers, pour les comparutions en Audiance, défaux, appointement de contrarieté, conclusion en
enqueste & en droit, comparution pour la production
& jurande de tesmoins à la Chambre du Conseil, au
Ban des expeditions, baux, & maisons des Iuges és causes
où il ny a procez verbal, pour les conclusions és contumaces, & congez és causes qui excederont trente liures
faits, aduertissements, & autres deux sols six deniers
de chaque roolle de petit papier carré, & douze deniers
pour la grosse, & pour celles des causes qui se trouue-

ront au deſſous deſdits trente liures, n'en ſera taxé que
ce qui à eſté reiglé en l'article ſept du preſant reiglement, pour l'inuentaire des productions deux ſols par
rolle, & douze deniers pour la groſſe, pour les inuentaires des productions, nouuelles cauſes d'appel deux
ſols ſix deniers par rolle, & douze deniers pour la groſſe,
pour les pieces communiquées & les eticquettes des dé-
cretz ou licitation, à raiſon de douze deniers par rolle
de groſſe, pour chacque breuet de défences, reſponces
& repliques ſept ſols ſix deniers, compris vne ſeule ſignification quinze deniers par article des deſpens, outre
l'aſſiſtance des deux tiers de la taxe du Commiſſaire,
comme de tous les autres proces verbaux, & actes ou il
y aura vacation, ainſi que de tout temps il s'eſt obſerué
& pratiqué, & défences auſdits Procureurs de prendre
plus grand droit, ſur les peines qui y appartiennent.

LXXXXI.

Ne pourront les Procureurs ſe faire reuoquer, & con-
ſtituer au prejudice les vns des autres ſans Procuration
ſpecialle. ### LXXXXII.

Si vn Procureur compare pour vn pourſuiuant, decret,
diſtribution d'heritages, ou deniers, inuentaire & par-
tage, vn autre Procureur ne pourra faire la meſme pourſuite: mais bien le faire aſſigner en ſubrogation à peine de
nullité, les frais de laquelle ſubrogation ſeront alloüez
auec ceux de la pourſuite, en ce qui s'en trouuerra vtil-
lement fait, pourueu que ladite pourſuite ſoit faite vn
mois aprés l'opoſition receuë, fors aux inuentaires &
partages, & choſes qui requierent cellerité, leſquelles

pouront estre pourſuiuiés inceſſamment.

LXXXXIII.

Sɪ aux Proces verbaux de deſſente , viſitations com-
pulſoire, decret, licitation d'heritages & autres actes, &
pourſuites ſe rencontroit pluſieurs ſaiſiſſans , ſaiſiz &
opoſans comparans par diuers Procureurs , ils ſeront
tenus s'afiner par le plus antien Procureur, en ſorte qu'il
n'y ait qu'un Procureur pour les ſaiſiſants , vn pour les
ſaiſis , & vn pour les oppoſans , fors aux taxes de frais,
diſtribution de deniers, où chacun comparoiſtra par ſon
Procureur, pour conteſter les debtes des creanſciers.

LXXXXIIII.

Quand il y aura Procureur comparant en vne cauſe du
premier & ſecond chef de l'Edit, le domicille conti-
nüera juſques à Sentence diffinitiue incluſiuement , s'il
n'y a réuoccation & conſtitution d'autre Procureur,
auec élection de domicille , & ſera tenu le Procureur
d'aſſiſter aux dépans par corps, qui pourra interjeter
appel, *illico*, ſur chaque Article, où il pretendoit y auoir
exceds, à faute dequoy , il n'y ſera plus receu, non plus
qu'à décliner Iuriſdiction, & demander renuoy, & demeurera auſſi ledit domicille, en la maiſon deſdits Procureurs, dés qu'ils ſeront coltez ſur le regiſtre des pre-
ſentations.

LXXXXV.

Seront leſdits Procureurs obligez ſe tenir à l'Audiance, auec habits deſſens, robes & bonnets.

LXXXXVI.

Le prouoquant à tous procez verbaux de viſitation,
ſoit de ſaiſie ou autres apréciations d'heritages, deſcen-

tés compulſoires, enqueſte veûe & montrée, & gene-
rallement tous autres ſans exception, en matiere ciuille,
ſera obligé d'auancer toutes les taxes, en ſignant le procez verbal, s'il n'a eſté jugé qu'elles ſe payeroient par
moytié.   LXXXXVII.

Si vn demandeur en retrait, ne compare à l'aſſignation par luy fait donner, le defandeur pourra ſe faire en-
uoyer de l'inſtance à l'Audiance, pour le profit du défaut
qu'il fera deliurer ſur la preſentation, ſans qu'il ſoit
beſoin d'aucune ſignification dudit défaut, ſuiuant la
coûtume.   LXXXXVIII.

Conformément aux Ordonnances cy-deuant rendûe
en la Chambre du Conſeil de ce Siege, les Procureurs
ſeront obligez d'éxecuter ce qui ſera déterminé & ar-
reſté en leurs Aſſemblées, ſans qu'il ſoit loiſible à aucun
d'y contreuenir, à peine d'amande Arbitraire, mais bien
ſe pourront pouruoir par les voyes de droit. Fait & ar-
reſté en la Chambre du Conſeil du Siege Preſidial de
Tours le vingt=troiſiéme d'Aouſt 1662. Signé MATHE',
MILON, BOVTET, ROBICHON, TRE-
VANT, SEGVIN, DVRAND, GASNAY, CHEVAYE.
LAVRANCIN, PALLV, GATIAN, HVBERT,
SEGVIN, SOVCHAY, & MILON.

*L*EV & publié en l'Audiance du Bailliage de Touraine, &
Siege Preſidial de Tours. Ce requerant Me. Hercules Mo-
lineau, Pierre Boitard, Charles Cocqueau, & Iean Rouſſeau Sindics
de la Communauté des Procureurs dudit Siege, & du con-
ſentement des Gens du Roy, & ordonné que le tout ſera regiſtré

au papier des Remenbrances de ce Siege, pour y auoir recours quand
besoin sera, & e͞tre le tout entretenu, gardé & obserué. DONNÉ
au Pallais Royal de Tours, la Iurisdiction des causes ordinaires tenant
& prononcé par Nous Charles Mathé Conseiller du Roy en ses Conseils
Lieutenant General en Touraine le vingt-neusième d'Aoust mil six
cens soixante deux Signé Briffault.